Das Sprachforscherbuch

ist ein Buch für dich.

Du kannst es so benutzen, wie es dir passt.
Du musst nicht alle Seiten bearbeiten.

Im Buch ist Platz für alle möglichen Sachen,
die mit dem richtigen Schreiben von Wörtern zu tun haben:

- Tipps dazu, welche Wörter man vorne großschreibt;
- Tipps und Platz für Wörter, in denen Buchstaben verdoppelt werden;
- Tipps und Platz für Wörter, die man verlängern muss;
- Tipps und Platz für zusammengesetzte Wörter;
- Platz für Wörter, die du dir besonders merken musst;
- Platz für deine eigenen „schwierigen" Wörter
- und immer wieder knifflige Sprachforscherrätsel.

Das Buch ist kein Buch zum Auswendiglernen.
Es nützt dir nur was, wenn du es auf deine Forscherreisen mitnimmst.
Schreib dir alles auf, was dir so begegnet oder komisch vorkommt.
Halte die Wörter fest, die dir auffallen und die du dir merken willst.

Wenn du etwas herausgefunden hast,
kannst du jemandem etwas darüber erzählen
und dir dann von ihm erzählen lassen, wie er die Sache sieht.
Vielleicht findet ihr ja etwas Gemeinsames.

So wirst du vieles lernen.

Groß- und Kleinschreibung

Fast alle Wörter werden **klein**geschrieben.

Großgeschrieben werden:

- **Satzanfänge** und
- **Nomen** (Namenwörter)

Der Satzanfang

Das erste Wort in einem Satz immer **groß** beginnen!

Nach einem Punkt (und !?) immer groß anfangen!

Die Nomen (Namenwörter)

Nomen sind nicht leicht zu erkennen.
Du wirst nach und nach ein Gefühl dafür bekommen.

Alle Namen von Dingen, die man zählen kann, sind Nomen: *zwei Augen, drei Dinos*

Alle Wörter, die alleine mit einem Artikel (der, die, das) stehen können, sind Nomen: *der Computer, die Rakete*

Aber auch vieles, das man nicht sehen, hören, riechen, schmecken oder anfassen kann, hat einen Namen. Wir können es spüren und in Gedanken einkreisen: *die Angst, der Hunger, das Glück, der Traum*

Auf dieser Seite kannst du Namenwörter sammeln,
die dir besonders gefallen,
oder solche, bei denen du nicht genau weißt,
ob man sie groß- oder kleinschreibt.

die Ferien

das Sahneeis

der Spaß

Auf dieser Seite kannst du Namenwörter sammeln, die bezeichnen, was man sehen, hören, riechen, schmecken oder anfassen kann.

die Schaukel

der Apfel

das Sofa

Auf dieser Seite kannst du „geheimnisvolle" Namenwörter sammeln, die bezeichnen, was man **nicht** anfassen oder **nicht** zählen kann.

das Glück | *die Angst*

der Hunger

Bedeutungsvolle Vornamen

Auch unsere Vornamen sind Namenwörter.
Jeder Mensch hat seinen eigenen, individuellen Namen.

Einige Namen haben noch eine besondere Bedeutung:
Angelika, Angela, Angelina bedeuten *Engel*.
Der indianische Mädchenname *Tecumapese* bedeutet auf Englisch *Shooting Star* und auf Deutsch *Sternschnuppe*.
Naythawaynah bedeutet *Ein Panther, der seine Beute ergreift*.

Sammle Namen, ihre Bedeutung und verwandte Namen aus anderen Sprachen.

Angelika, Angela, Angelina, Angel
the angel (engl.) – der Engel

Leon, Leonhard, Leo, Leopold, Lew
Leone (ital.); León (span.);
the lion (engl.) – der Löwe

Bedeutungsvolle Nachnamen

Auch unsere Nachnamen sind Namenwörter.
Jeder Mensch hat seinen eigenen, individuellen Namen.

Einige Namen haben noch eine besondere Bedeutung und kommen in verschiedenen Sprachen vor:
Pippi Långstrump (schwedisch), *Pippi Langströmpe* (dänisch), *Pippi Longstocking* (englisch), *Fifi Brindancier* (französisch)

Sammle Nachnamen mit Bedeutung.
(Nutze auch das Telefonbuch.)

Fleischer

Beckenbauer

Sprachforscherrätsel für Profis

Groß- und Kleinschreibung

Die Sprachforscherrätsel sind Arbeitsvorschläge, die dir helfen sollen, noch mehr über Wörter und ihre Schreibung herauszufinden.

Am besten probierst du auf einem Schmierblatt und trägst nachher die gefundenen Wörter hier ein.

1) Haben Reimwörter immer, sehr häufig oder sehr selten das gleiche Geschlecht? (Du kannst das Geschlecht eines Wortes an dem Artikel erkennen.)

die Kasse – die Tasse

d Kind – d Rind

d Fall –

Kennst du ein Wort, das mit den Artikeln der, die **und** das geht?

Sprachforscherrätsel für Profis

Groß- und Kleinschreibung

2) In manchen Sätzen werden Verben (Tuwörter) zu Nomen.
Du erkennst es an dem Artikel, der oft davor steht.

Das Tragen eines Helmes
ist Pflicht!
Das Radfahren auf dem
Gehweg ist verboten!

Finde noch mehr solcher Gebote und Verbote.

Sprachforscherrätsel für Profis

Groß- und Kleinschreibung

3) Bedeutungsvolle Tiernamen
Manchmal kannst du schon durch den Namen etwas über ein Tier erfahren. Zum Beispiel darüber,

wo es lebt:	*die Wüstenrennmaus*
wie es aussieht:	*das Nashorn*
was es macht:	*der Jagdhund*

Finde noch mehr solcher Tiernamen.

der Breitmaulfrosch

Sprachforscherrätsel für Profis

Groß- und Kleinschreibung

4) Bedeutungsvolle Pflanzennamen
Auch die Namen von Pflanzen haben unterschiedliche Bedeutungen und verraten manchmal etwas über die Pflanze.
Zum Beispiel darüber,

wo sie wächst:	*das Alpenveilchen*
wie sie aussieht:	*die Sonnenblume*
was sie macht:	*das Springkraut*
welche Früchte sie trägt:	*der Kirschbaum*

Finde noch mehr solcher Pflanzennamen.

das Wiesenschaumkraut

Eigene Sprachforscherrätsel

Lange und kurze Vokale
(Selbstlaute: a, e, i, o, u)

Vokale klingen mal **lang** (langsam)
wie in *Name* und *sagen*

und mal **kurz** (schnell)
wie in *Katze* und *kalt*.

Ob ein Vokal lang oder kurz ist, merkst du, wenn du das „andere" Wort bildest.

kurz	**lang**
die Hölle	*die Höhle*
das Lamm	*lahm*
das Schiff	*schief*
die Mitte	*die Miete*

Auch Unsinnwörter helfen dir.

Heißt es: der Schatten oder der *Schaaten* ?

der Pudding oder der *Puuding* ?

die Glocke oder die *Glooke* ?

Wenn du vergleichst, spürst du den Unterschied zwischen **lang** und **kurz**.

Es ist nicht immer einfach, zwischen langen und kurzen Vokalen in Wörtern zu unterscheiden.

Wie klingen die Vokale in den Tiernamen?
Sprich dir die Namen vor und entscheide: lang oder kurz?

lang		kurz

Schneide die Fläche an der Strichellinie entlang ab.

Lange Vokale

Alle diese Wörter haben einen langen Vokal im Wortstamm.

Schokolade Tiger Sofalehne Saft reden Rasen Blume klug Fahne Löwe Wagen Buch Vogelei Probe Anzahl Schnauze Torwart Unfug Tag segeln Schlot Schleuder Span groß Knete Baum blau Stuhl sagen Spagat Bootshaus Bison rufen Wiege Rasenmäher Schaukel Schnur Telefon Regal Boden Schlauch Kranich Ameise Banane Salat Kiwi rot Heuwagen Urlaub Ferien Schi Lob kleben glauben grün super Zitrone Nobelhotel neutral prima Prozent Religion Fuß sägen Schule Seil Soße Speise Laufrad Waage See Regen Liebe siegen Ohr Nadel Opa Teebeutel Rose Tube suchen Plan Laden Tafel schieben Lohn Zeh Lasten Schlafanzug Hubschrauber schliefen Topf ragen Segen Rede Besen Flug Sahne zugig Gabel grau quer Mehl Feder riesig blau Schiene tief Maschine sieben Käfer Bluse Saat Radio Dose streichen Haar Gebet leben kneten schön gut Mehl Webstuhl sehr Fee Flieger Mohn Los Foto Lied Nudel Ziegel Leiter Jubel rufen beten lila Name Gas Rauch leiden Zitrone Hafen Natur Nagel Schale tragen Preise Ofen Boje Globus stöhnen nah Süden Pilot Ufer schämen oben fügen Hof Kühe gehen Sofa Glas Kragen Feder Weg Fahne Säge schleifen rau Rad Rat jagen Kramladen Rohr Tal Jaguar Kahn tragen graben Küken Geschenk Schaf Ziege malen Käse Kugel Regenbogen Klinik Spaß Piraten Schnabel

Nein, nicht alle. Vier Wörter haben einen kurzen Vokal im Stamm.
Du findest sie leichter, wenn du dir alle Wörter *laut* vorliest.
Verbinde diese vier Wörter mit Linien.
Dann wirst du sehen: dieses Zeichen ◇.

Versuche auch einmal, die Wörter mit *langem* Vokal *kurz* zu lesen.

Was lang und kurz ist, merkt man im Vergleich.

Wie viele Wörter haben ein Längezeichen? ☐
Und wie viele haben keins? ☐

Schneide die Fläche an der Strichellinie entlang ab.

Sammle Tiernamen mit langem Vokal.

Schneide die Fläche an der Strichellinie entlang ab.

Male auf Seite 31 und 32 alle Längezeichen rot an.
Findest du mehr Wörter mit oder mehr ohne Längezeichen?

Arbeitsvorschläge für die fünf Vokale

Suche dir einen Vokal aus und sammle 100 Wörter,
in denen der Vokal im Wortstamm lang gesprochen wird.
(Der Wortstamm ist der Teil des Wortes, der bei verwandten Wörtern immer gleich bleibt.)

Zähle dann aus:
In wie vielen der 100 Wörter steht hinter dem Vokal ein *h*?
In wie vielen der 100 Wörter wird der Vokal verdoppelt?
In wie vielen der 100 Wörter hat der Vokal kein Längezeichen?

Vergleiche deine Ergebnisse mit den Angaben zu *a* auf Seite 37,
e auf Seite 41, *i* auf Seite 45, *o* auf Seite 49, *u* auf Seite 53.

Sammle noch weitere „merk-würdige" Wörter zu allen Vokalen
und trage sie ein.

Für Sprachforscher-Profis:

Wie viele Vokale gibt es im Deutschen eigentlich wirklich?
Gibt es 5, 8, 16 oder 18 Vokale?
Schreibe so viele wie möglich auf.

☐ 5 ☐ 8 ☐ 16 ☐ 18

Schneide die Fläche an der Strichellinie entlang ab.

Wörter mit langem (a) wie in 

(a)

der Wal

der Rasen

baden

fahren

der Saal

Schneide die Fläche an der Strichellinie entlang ab.

Die meisten Wörter mit langem (*a*) werden mit einfachem a geschrieben
(in ca. 88% aller Fälle).

Aber es gibt auch Wörter wie *Z__ah__l*, *B__ah__nhof* und *S__aa__l*.
Sie sind selten und deshalb „merk-würdig".

Bei ihnen klingt das (*a*) auch lang.

Sie haben ein besonderes Längezeichen: aa oder ah

Wörter mit aa:

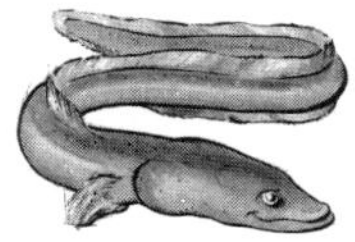

Wörter mit ah und äh:

Schneide die Fläche an der Strichellinie entlang ab.

Wörter mit langem e wie in 

die Fledermaus

der Regen

sich wehren

die Rebe

der See

e

Schneide die Fläche an der Strichellinie entlang ab.

Die meisten Wörter mit langem *e* werden mit einfachem e geschrieben
(in ca. 86% aller Fälle).

Aber es gibt auch Wörter wie *fehlen*, *Reh* und *See*.
Sie sind selten und deshalb „merk-würdig".

Bei ihnen klingt das *e* auch lang.

Sie haben ein besonderes Längezeichen: ee oder eh

Wörter mit ee:

Wörter mit eh:

Schneide die Fläche an der Strichellinie entlang ab.

Wörter mit langem *i* wie in 

der Spiegel

das Sieb

das Kino

sieben

i

Schneide die Fläche an der Strichellinie entlang ab.

Die meisten Wörter mit langem i
werden mit ie geschrieben
(in ca. 78% aller Fälle).

Aber es gibt auch Wörter wie *Tiger* und *Apfelsine*.
Sie sind selten und deshalb „merk-würdig".

Bei ihnen klingt das i auch lang. Sie haben kein Längezeichen.
(Die meisten solcher Wörter kommen aus anderen Sprachen.)

das Kino

der Vampir

die Maschine

Schneide die Fläche an der Strichellinie entlang ab.

Merk-würdig:
Nur Wörter der Familie *ihr*, *ihm*, *ihn* usw. werden mit ih geschrieben.

Kannst du dir denken, warum es kein ii gibt?

Wörter mit langem o wie in 

die Hose

das Sofa

der Sohn

rosa

o

Schneide die Fläche an der Strichellinie entlang ab.

Die meisten Wörter mit langem (o) werden mit einfachem [o] geschrieben
(in ca. 88% aller Fälle).

Aber es gibt auch Wörter wie *F<u>oh</u>len*, *S<u>oh</u>n* und *M<u>oo</u>s*.
Sie sind selten und deshalb „merk-würdig".

Bei ihnen klingt das (o) auch lang.

Sie haben ein besonderes Längezeichen: o[o] oder o[h]

Wörter mit o[o]:

Wörter mit o[h] und ö[h]:

Schneide die Fläche an der Strichellinie entlang ab.

Wörter mit langem u wie in 

die Kuh

klug

rufen

der Fuß

u

Schneide die Fläche an der Strichellinie entlang ab.

Die meisten Wörter mit langem u werden
mit einfachem u geschrieben
(in ca. 97% aller Fälle).

Aber es gibt auch Wörter wie *Schuh* und *Kuhle*.
Sie sind selten und deshalb „merk-würdig".

Bei ihnen klingt das u auch lang.
Sie haben ein besonderes Längezeichen: uh
(Wörter mit uu gibt es nicht, außer natürlich bei zusammengesetzten Wörtern wie *Bauunternehmer*.)

Wörter mit uh und üh :

Schneide die Fläche an der Strichellinie entlang ab.

Wörter mit Zwielauten

Zwielaute aus zwei Vokalen (au, äu, ei, eu) werden immer lang gesprochen.
Sammle solche Wörter.

das Haus – die Häuser

das Heu

heiß

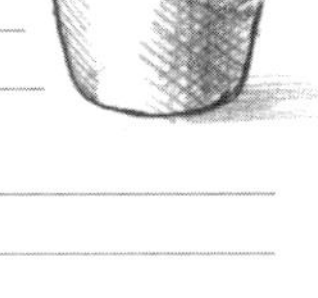

au, äu
ei, eu

Schneide die Fläche an der Strichellinie entlang ab.

Wörter mit Zwielauten

Zwielaute aus zwei Vokalen (au, äu, ei, eu) werden immer lang gesprochen.
Diese Zwielaute sind selten: ai, ao, oi, ou, ui
Findest du Wörter, in denen sie vorkommen?

ai, ao,
oi, ou, ui

Schneide die Fläche an der Strichellinie entlang ab.

Kurze Vokale

Alle diese Wörter haben einen kurzen Vokal im Wortstamm.

Pudding Tischlampe Stift Wasserball Sommer Pinsel Kraft hüpfen Onkel Gummitwist Gurt Hand hängen Knick Drucker Bild Computer retten Krönung Nest Pizza Hamburger Recht Schwanz wohl knuffen Ordner Sessel Hund Katze Blech Felsspalt Krippe kalt essen Saft Geld Wald meckern Bürste bissig Assel Holzkiste Treppe Balken Tasche Apfel Schnecke Tante Netz Fisch Angel Pflanze hell gelb Diskette Scanner Lampe Nonne Nixe Prinz Mütze Salbe Rüstung saftig schuldig bald Spalte Stümper Schirm Hobby Schwamm Last zerren Glück Film Dach Pfanne Pfosten Garten sumpfig Pferd acht Zange Gast klettern lustig Zunge Lippen Grund Stoff Zelt Blatt Fuchs Malve Vers Stelle Bank Qualle unten scharf Falke Mund backen Hektik Stadt Flanke Pasta Horn Birne lecker alt vergessen bunt Küstenschiff fischen buddeln Box Topf Messer Milch Halm schnell Fehler Helm Flasche heften Schnecke Applaus klagen fern schwenken Hammer Platte Blech können Sprecher Rinder putzen Rand Butter Welt Löffel Dackel Sterne Nacht grinsen schlendern glotzen Tasse Lappen Ranzen Satz Karte würfeln wirklich helfen Kind Mitte Sport oft bekommen lustig sonnig Wasserfall Zirkel Punkt Summe Wörter falsch verdoppeln finden Programm Software Rekordzeit sammeln erst Gans Schluss ganz lernen Kombination Antwort Zentrum Fach bewusst Texte Haltung uns

Nein, nicht alle. Vier Wörter haben einen langen Vokal im Stamm. Du findest sie leichter, wenn du dir alle Wörter *laut* vorliest. Verbinde die vier Wörter mit Linien. Dann wirst du sehen: dieses Zeichen ☐.

Versuche auch einmal die Wörter mit *kurzem* Vokal *lang* zu lesen.

Was lang und kurz ist, merkt man im Vergleich.

Wie viele Wörter haben ein Kürzezeichen? ☐
Wie viele haben keins? ☐

kurze Vokale

Schneide die Fläche an der Strichellinie entlang ab.

Sammle Tiernamen mit kurzem Vokal.

Schneide die Fläche an der Strichellinie entlang ab.

Male auf Seite 61 und 62 alle Kürzezeichen rot an:
bb/dd/ff/gg/ck/ll/mm/nn/pp/rr/ss/tt/tz

Findest du mehr Wörter mit oder mehr ohne Kürzezeichen?

Arbeitsvorschläge für alle Kürzezeichen

Hier kannst du Wörter mit Doppelkonsonanten
- sammeln,
- ordnen und
- eintragen.

Manche Doppelkonsonanten kommen sehr selten vor und es wird knifflig, Wörter dazu zu finden.

Du musst auch nicht alle Doppelkonsonanten bearbeiten.

Für Sprachforscher-Profis:

Warum wird das **n** in
Kanne, Tanne,
können und *brennen*
verdoppelt und in
Tante, Kante,
Wände und *Hände*
nicht?

Wenn du etwas herausgefunden hast,
kannst du ja jemandem etwas darüber erzählen
und dir dann von ihm erzählen lassen, wie er die Sache sieht.
Vielleicht findet ihr ja etwas Gemeinsames.

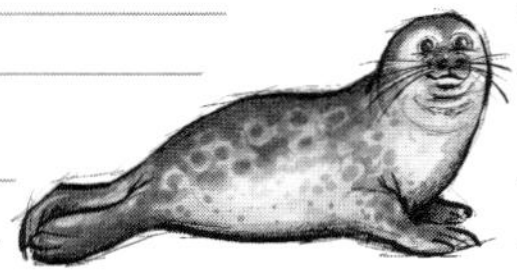

bb

dd

ff

gg

Statt kk schreibt man ck .

ck

Manche Wörter aus anderen Sprachen werden aber doch mit kk geschrieben.

Findest du welche?

II

mm

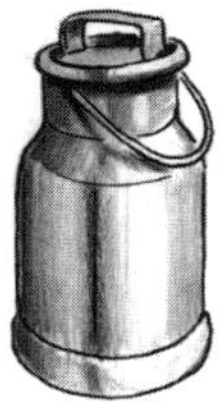

nn

pp

rr

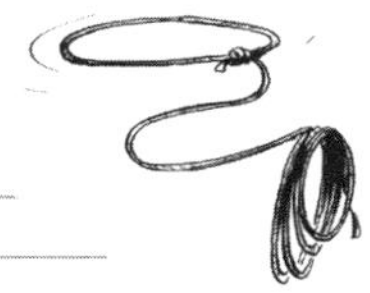

ss

tt

Statt zz schreibt man tz .

Manche Wörter aus anderen Sprachen werden aber doch mit zz geschrieben.

Findest du welche?

tz

„Merk-würdige" Kurzwörter

Es gibt ein paar kleine (einsilbige) Wörter, bei denen der Vokal kurz klingt, die aber kein Kürzezeichen haben.

Findest du noch mehr?

am | was
bis | das
mit

Merke dir auch die beiden Verbformen …

ich bin (sein) | er hat (haben)

… und Fremdwörter wie

der Bus

der Job
der Rap

Aber: der Bus – die Busse
der Job – jobben
der Rap – rappen

Sprachforscherrätsel für Profis

Lange und kurze Vokale

Die Sprachforscherrätsel sind Arbeitsvorschläge, die dir helfen sollen, noch mehr über Wörter und ihre Schreibung herauszufinden.

Am besten probierst du auf einem Schmierblatt und trägst nachher die gefundenen Wörter hier ein.

1) Suche zu folgenden Wörtern das „andere" Wort.

das Lamm – lahm,
die Höhle – die
der Wall – die
wen –
satt – die

der Kamm – er
der Staat – die
wirr –
irren –
die Miete –

das Beet – das
kann – der
das Riff – sie
schief – das

2) Es gibt Wörter, die werden gleich gesprochen, aber unterschiedlich geschrieben.

Wie viele findest du?

das Meer – mehr

Sprachforscherrätsel für Profis

Lange und kurze Vokale

3) Suche je zwei Wörter mit kurzem Vokal – mit und ohne Kürzezeichen.
Beispiele: *der Kessel, das Heft*

a:

e:

i:

o:

u:

4) Findest du Wörter mit einem langen Vokal, auf den zwei Konsonanten folgen?

Beispiele: *der Mond, husten*

Solche Wörter sind sehr selten.

5) In manchen Wörtern sieht das **h** aus wie ein Längezeichen.
Es ist aber keines.

Beispiel: *fliehen*

Früher wurde dieses **h** als *ch* ausgesprochen.
Bei einigen Wortfamilien kannst du das heute noch feststellen.

Beispiel: *er flieht* *geflohen* *die Flucht*

Findest du noch andere Wortfamilien mit einem solchen **h**?

sehen

Sprachforscherrätsel für Profis

Lange und kurze Vokale

6) Suche je zwei Wörter mit *ei, au, eu, äu,* auf die ein **z** folgt.

Beispiele: *die Kreuzung, die Heizung*
(Warum gibt es nach Zwielauten kein **tz**?)

7) Suche Wörter mit Kürzezeichen genau in der Mitte.

Beispiele: *der Ritter, der Sommer*

Sprachforscherrätsel für Profis

Lange und kurze Vokale

8) Suche Wörter mit Kürzezeichen am Ende.

Beispiele: *der Stall, das Blatt, stumm*

9) Suche Wörter mit den besonderen Kürzezeichen **ck** und **tz**.

Beispiele: *die Jacke, lecker, spucken*
der Blitz, der Schatz, die Katze

Sprachforscherrätsel für Profis

Eigene Sprachforscherrätsel

Verändern und Verwandte suchen

Auch Wörter haben eine **Familie**.

Wenn du weißt, zu welcher Familie ein Wort gehört, weißt du schon viel über seine Rechtschreibung.

Wörter, die zu einer Familie gehören, sind einander ähnlich.

Wenn du also ein Wort kennst, weißt du auch etwas über seine Verwandten.

Das, was allen Wörtern einer Familie gemeinsam ist, nennt man **Wortstamm**.

Wenn du nicht weißt, wie ein Wort geschrieben wird, können dir diese Tipps helfen:

Denke an gute Bekannte unter den Verwandten!

Beispiel:
backen
du *backst*
Bäcker
über*backen*
Bäckerei
Backpapier

Alle Verwandten werden mit **ck** und **a** oder **ä** geschrieben.

Wörter verlängern!

Beispiele: *der Wal d/t ?* → *die Wälder*
run d/t ? → *runde Bälle*
die Ban g/k ? → *die Bänke*

Grundformen suchen!

Beispiele: *sie kle b/p t ?* → *kleben*
er schwei g/k t ? → *schweigen*

Wortfamilien: Verwandte suchen

Wörter zum Probieren:
brechen, schenken, die Liebe, fliegen, das Versteck

Einmal **h**, immer **h**.

fahr en
ge fahr en
das Fahr zeug
die Fuhr e
die Fahr bahn
das rad
fahr
ge ¨ lich

Schneide die Fläche an der Strichellinie entlang ab.

Wortfamilien: Verwandte suchen

Schneide die Fläche an der Strichellinie entlang ab.

Wortfamilien: Verwandte suchen

Schneide die Fläche an der Strichellinie entlang ab.

Wortfamilien: Verwandte suchen

Beim Zusammentragen und Aufschreiben der Wortfamilien hast du sicher gemerkt, dass sich der Wortstamm in der Regel nicht ändert.
Das ist eine große Hilfe beim Rechtschreiben.
Wenn du ein Wort kennst, weißt du auch etwas über den Rest der Familie.
Aber es gibt auch die starken Verben*. In ihnen wechseln die Stammvokale. Oft wechseln auch Länge und Kürze.

(* siehe die Erklärung auf Seite 217)

denken – dachte – hat gedacht

gehen – ging – ist gegangen

sitzen – saß

bitten –

Schneide die Fläche an der Strichellinie entlang ab.

e

-> ä

Es gibt Wörter, bei denen weiß man nicht sofort, ob sie mit e oder ä geschrieben werden.

Denke an gute Bekannte unter den Verwandten.

nähen ↔ die Naht

gefährlich ↔ die Gefahr

↔

↔

Schneide die Fläche an der Strichellinie entlang ab.

Merk-würdig:
Zu manchen Wörtern mit **ä** findest du keinen Verwandten mit **a**.

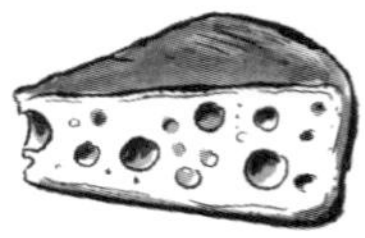

Es gibt Wörter, bei denen weiß man nicht sofort, ob sie mit eu oder äu geschrieben werden.

Denke an gute Bekannte unter den Verwandten.

eu

->äu

der Räuber ↔ rauben

die Verkäuferin ↔ kaufen

die Häute ↔

↔

↔

↔

↔

↔

Es gibt Wörter, bei denen weiß man nicht sofort, ob sie mit p oder b geschrieben werden.
Er hebt und *er hupt* klingen am Ende gleich.

Versuche die Wörter zu verlängern oder die Grundform zu finden. Die Wörter, die dir sagen, wie ein Wort geschrieben wird, sind die „Verräter unter den Verwandten".

das Sieb ↔ sieben

er schiebt ↔ schieben

das Lob ↔

↔

↔

↔

↔

↔

p

-> b

Finde auch hier den „Verräter unter den Verwandten".

die Schublade ↔

der Klebstoff ↔

das Erlebnis ↔

der Webrahmen ↔

der Hubschrauber ↔

der Grabstein ↔

Es gibt Wörter, bei denen weiß man nicht sofort, ob sie mit t oder d geschrieben werden.
Der Rat und *das Rad* klingen am Ende gleich.

Versuche die Wörter zu verlängern oder die Grundform zu finden. Die Wörter, die dir sagen, wie ein Wort geschrieben wird, sind die „Verräter unter den Verwandten".

der Hund ↔ die Hunde

der Wald ↔ die Wälder

↔

↔

↔

↔

↔

↔

t

-> d

Finde auch hier den „Verräter unter den Verwandten".

das Fundstück

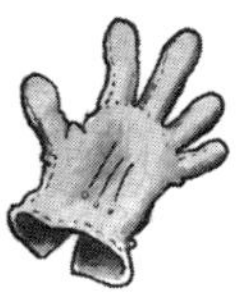

Es gibt Wörter, bei denen weiß man nicht sofort, ob sie mit s oder ß geschrieben werden.
Sie verreist und *sie zerreißt* klingen am Ende gleich.

Versuche die Wörter zu verlängern oder die Grundform zu finden. Die Wörter, die dir sagen, wie ein Wort geschrieben wird, sind die „Verräter unter den Verwandten".

das Haus ↔ die Häuser

der Hals ↔

er reist ↔ reisen

↔

↔

↔

↔

↔

S

-> S

Es gibt Wörter, bei denen weiß man nicht sofort, ob sie mit z oder s geschrieben werden.
Gans und *ganz* klingen am Ende gleich.

Versuche die Wörter zu verlängern oder die Grundform zu finden. Die Wörter, die dir sagen, wie ein Wort geschrieben wird, sind die „Verräter unter den Verwandten".

die Gans ↔ die Gänse

↔

↔

↔

↔

↔

↔

↔

ts

Sprachforscherrätsel für Profis

Verändern und Verwandte suchen

Die Sprachforscherrätsel sind Arbeitsvorschläge, die dir helfen sollen, noch mehr über Wörter und ihre Schreibung herauszufinden.

Am besten probierst du auf einem Schmierblatt und trägst nachher die gefundenen Wörter hier ein.

1) Es gibt in der deutschen Sprache elf Formen, die Mehrzahl zu bilden:
das Kind – die Kinder
der Baum – die Bäume

Suche Beispiele für die anderen neun Formen.

2) Suche fünf Wörter mit **ä** in der Einzahl **und** Mehrzahl.
Beispiel: *der Bär – die Bären*

Sprachforscherrätsel für Profis

Verändern und Verwandte suchen

3) Suche fünf Wörter, die in der Einzahl und Mehrzahl gleich sind.
Beispiel: *das Messer – die Messer*

4) a ↔ ä *fahren – du fährst* ☐
ä ↔ ä *kämmen – du kämmst* ☐
a ↔ a *machen – du machst* ☐

Schreibe solche Wortpaare auf und zähle am Ende, von welchen dir am meisten eingefallen sind. Vergleiche dein Ergebnis mit anderen.

Eigene Sprachforscherrätsel

Zusammengesetzte Wörter

Viele Wörter sind aus **Bausteinen** zusammengesetzt.

Beispiel: Das Wort *bezahlen*
ist aus *be-* (Vorsilbe), *zahl* (Wortstamm) und *-en* (Endung)
zusammengesetzt.

Der Wortstamm *zahl* steckt auch in *abzählen* und in *Anzahl*.
Alle Wörter, die denselben Wortstamm haben,
gehören zu einer Familie.
(Vergleiche hierzu auch das Kapitel „Verändern und Verwandte suchen".)

Beispiele: 1. Kinderroller wird mit zwei *rr* geschrieben,
eins von Kinder und eins von Roller.

Kinderroller

(Das **rr** ist also **kein** Kürzezeichen.)

2. Wandtapete wird mit *d* und *t* geschrieben,
das *d* von Wand und das *t* von Tapete.

Wandtapete

Denke beim Schreiben daran,
aus welchen Bausteinen
ein Wort besteht.

- *****Fahrad* oder *Fahrrad*?
- **abeißen* oder *abbeißen*?
- *Handtuch* oder **Hantuch*?

Es gibt vier Sorten von Wortbausteinen:
- Vorsilben
- Wortstämme
- Endungen
- Fugen

Wenn du erkennen kannst, aus welchen Bausteinen ein Wort zusammengesetzt ist, hilft dir das auch beim Schreiben.
Mit den Zeichen , , und kannst du die Wortbausteine kennzeichnen.

Überlege dir selber Wörter und kennzeichne die Wortbausteine.

verkaufen

Sprachforscherbuch

Schied s richter

Aussicht s turm

Rettung ring

Diese Wörter bestimmen, was für ein *Wagen* das ist:	
Kinder- *Last-* *Renn-* *Zirkus-* *Wohn-*	*Wagen*
Bestimmungswörter	**Grundwort**

Achte einmal besonders auf den Artikel bei zusammengesetzten Wörtern.

der Wagen + der Heber
= der Wagenheber
das Kind + der Wagen
= der Kinderwagen

Hast du erkannt, wonach sich der Artikel des zusammengesetzten Wortes richtet?

Sprachforscherrätsel für Profis

Zusammengesetzte Wörter

Die Sprachforscherrätsel sind Arbeitsvorschläge, die dir helfen sollen, noch mehr über Wörter und ihre Schreibung herauszufinden.

Am besten probierst du auf einem Schmierblatt und trägst nachher die gefundenen Wörter hier ein.

1) Suche zusammengesetzte Nomen oder Verben, bei denen die zwei gleichen Mitlaute (Konsonanten) im Wort kein Kürzezeichen sind.

   Beispiele: *das Schlüsselloch, aussuchen*

2) Suche Wörter mit einem richtigen und einem falschen Kürzezeichen.

   Beispiel: *der Sommerregen*

Sprachforscherrätsel für Profis

Zusammengesetzte Wörter

3) Suche zusammengesetzte Wörter, in denen zweimal **ie** vorkommt.

Beispiel: *der Liebesbrief*

4) Finde ein Wort mit vier **ie**.

5) Suche zusammengesetzte Wörter mit zwei gleichen Vokalen als Längezeichen und zwei gleichen Konsonanten als Kürzezeichen.

Beispiel: *das Kleeblatt*

Sprachforscherrätsel für Profis

Zusammengesetzte Wörter

6) Suche zusammengesetzte Wörter mit zwei Kürzezeichen.

Beispiele: *die Sommersonne, der Flossenschwimmer*

7) Finde Wörter mit sechs, sieben und acht Konsonanten hintereinander.

6:

7:

8:

Unglaublich, aber es gibt solche Wörter.

8) Sammle zusammengesetzte Wörter mit zwei **st**.

Beispiele: *feststellen, die Raststelle*

Sprachforscherrätsel für Profis

Zusammengesetzte Wörter

9) Suche Wörter mit zwei Kürzezeichen.
Eins soll am Stammende stehen.

Beispiele: *der Gummiball, die Rolltreppe, die Stoffpuppe*

Eigene Sprachforscherrätsel

Vorsilben und Endungen

Viele Wörter sind aus **Bausteinen** zusammengesetzt.

Mit **Vorsilben** kann man Bedeutungen verändern.

Beispiel:
aus-suchen
auf-suchen
ab-suchen
be-suchen
ver-suchen

Mit **Endungen** kann man Bedeutungen und die Wortart verändern.

Beispiele:

mit der Endung -ig		mit der Endung -lich	
der Witz	*witzig*	*das Glück*	*glücklich*
die Lust	*lustig*	*die Gefahr*	*gefährlich*
das Salz	*salzig*	*klein*	*kleinlich*
die Luft	*luftig*	*die Nacht*	*nächtlich*
der Ekel	*ekelig*	*die Schrift*	*schriftlich*

Vorsilben in Wortfamilien

abfahren	anstehen
auffahren	abstehen
sich verfahren	sich verstehen
das Geschenk	
verschenken	

Wörter zum Probieren:
fliegen, stecken, sprechen

Vorsilben in Wortfamilien

verreisen

sie ist gereist

zerreißen

Vorsilben in Wortfamilien

die Versorgung

die Vorsorge

ent

Vorsilben in Adjektiven

*un**gleich***

*ge**birgig***

*an**ständig***

*ver**fault***

*ent**setzlich***

Eine Vorsilbe, die du abtrennen kannst

abtrennen ↔ Er trennt ab.

↔ Du liest ab.

abhören ↔

Schneide die Fläche an der Strichellinie entlang ab.

↔
↔
↔
↔
↔
↔
↔
↔
↔
↔
↔

Die ersten Silben klingen gleich:
der Endlauf, entlaufen

End-, end-	Ent-, ent-

Eine Vorsilbe

versuchen ↔ der Versuch

vergleichen ↔

↔ die Verzeihung

↔

↔

↔

↔

↔

ver-

Eine Vorsilbe

wegwerfen ↔ *der weggeworfene Zettel*

↔ *der weggelaufene Hund*

wegnehmen ↔ *sie nimmt weg*

↔

↔

↔

↔

↔

weg-

Vergleiche die Gliederung in Bausteine und Sil-ben bei Wörtern mit -ig und -lich:

kräftig – *pünktlich*

Finde den Unterschied.

Die Endung: -lich

der Freund → *freundlich*
der Punkt → *pünktlich*
das Kind → *kindlich*
der Mann → *männlich*

abenteuerlich

-lich

Bilde Adjektive mit -ig und -lich.

das Gift — giftig

der Nebel

das Herz

das Glück

Sprachforscherrätsel für Profis

Vorsilben und Endungen

Vor silb en

Vorsilbe Stamm Endung

Die Sprachforscherrätsel sind Arbeitsvorschläge, die dir helfen sollen, noch mehr über Wörter und ihre Schreibung herauszufinden.

Am besten probierst du auf einem Schmierblatt und trägst nachher die gefundenen Wörter hier ein.

1) Suche alle Vorsilben, die du kennst, und schreibe sie mit zwei Beispielwörtern auf.

2) Suche Verben, zu denen möglichst viele Vorsilben passen.

fahren – vorfahren, verfahren, abfahren,

Sprachforscherrätsel für Profis

Vorsilben und Endungen

3) Suche Wörter mit zwei Vorsilben.
   Beispiel: *vor-ver-legen*

4) In einem Satz musst du die Vorsilbe des Verbs manchmal nach hinten stellen.
   Beispiel: *einpacken – Ich packe ein.*

   Bei welchen Vorsilben ist das möglich und bei welchen nicht?

möglich	nicht möglich

Besondere Schreibweisen

Manche Wörter kann man sich nicht ableiten.

Du musst sie dir merken.

f
->pf
->v

Es gibt Wörter, bei denen weiß man nicht sofort, ob sie mit f, pf oder v geschrieben werden, weil es bei allen wie f klingt.

der Vater

die Pflanze

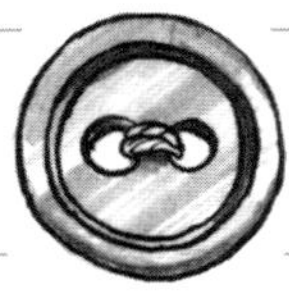

Schneide die Fläche an der Strichellinie entlang ab.

Es gibt Wörter, bei denen weiß man nicht sofort, ob sie mit f, v oder w geschrieben werden, weil es manchmal wie *w* und manchmal wie *f* klingt.

die Vase

bravo

der Vater

brav

f

w

–> v

Lege dir eine Wörterliste für den Bereich **Essen und Trinken** an.

Beispiel: *das Steak*

Sicher kennst und benutzt du beim Sprechen oder Schreiben schon viele englische Wörter, ohne es immer zu merken. Achte einmal genau auf solche Wörter und lege dir eine Wörterliste für den Bereich **Sport** an.

Beispiele: *Kickboard, football*

Lege dir eine Wörterliste für den Bereich **Kleidung** an.

Beispiel: *T-Shirt*

Auf dieser Seite kannst du Wörter aus verschiedenen Sprachen sammeln.
Fallen dir Ähnlichkeiten auf?

Beispiel: *das Salz* (deutsch) – *the salt* (englisch)

das Rendezvous (franz.)	*the date (engl.)*

Übrigens: *Handy* heißt englisch *mobile*.

Eigene Sprachforscherrätsel

Schwierige Wörter

Lernwörter

Hier kannst du eigene schwierige Wörter sammeln.
Versuche sie aber auch an der richtigen Stelle
im Buch einzutragen.
Am besten schreibst du sie dort mit einem Farbstift.

Wichtige Fachwörter für die Rechtschreibung

Adjektive (Wiewörter)
sind Wörter, die beschreiben, wie etwas ist.
*der **blaue** Ball*   *Die Sonne brennt **heiß**.*
Adjektive werden gesteigert:
groß – größer – am größten
gut – besser – am besten

Artikel (Begleiter)
stehen oft bei Nomen und zeigen deren Geschlecht und Zahl an.
bestimmte:
***der** Ball – **die** Puppe – **das** Mädchen (Geschlecht)*
***die** Bälle – **die** Puppen – **die** Mädchen (Mehrzahl)*
unbestimmte:
***ein** Ball – **eine** Puppe – **ein** Mädchen*

Diphtong (Zwielaut)
Er besteht aus zwei verschiedenen Vokalen.
Er gilt als „lang". Deshalb folgt niemals ein Kürzezeichen.
häufig: ***au, äu, eu, ei***   selten: ***ai, ao, oi, ui***

Doppelkonsonanten
sind zwei gleiche Konsonanten im Stamm.
Sie sind Kürzezeichen und zeigen, dass der Vokal davor kurz gesprochen wird.
der Ritter   *schwimmen*
(siehe auch Konsonanten)

Einzahl
Nomen stehen in der Einzahl, wenn es von den Dingen, Tieren, Pflanzen, Menschen ... nur eines gibt.
***der** Stuhl*   ***das** Pferd*   ***die** Tulpe*   ***ein** Mann*

Endungen
bestimmen die Wortform (du wohnst) und die Wortart (die Wohnung, wohnlich).
Endungen bestimmen auch die Bedeutung von Wörtern.
sagen – er sagt, die Sage, sagenhaft

Fugen
sind kleine Bausteine.
Sie verbinden Wörter/Bausteine:
die Rettung + der Schwimmer =
der Rettungsschwimmer,
Geburtstag, wesentlich

Konsonanten (Mitlaute)	sind Buchstaben und Laute. In diesem Buch schreiben wir den Buchstaben so: B und b. Den Laut schreiben wir so: *b* Bei Mitlauten klingt immer ein Vokal mit.
Kürzezeichen	sind Doppelkonsonanten und zeigen an, dass der Vokal davor kurz gesprochen wird: *die Ta**nn**e* *er ka**nn**te* Wenn in einem Wort bereits zwei Konsonanten hinter dem Vokal stehen, braucht es kein besonderes Kürzezeichen: *die Tante* *die Kante*
Längezeichen	sind Buchstaben, die zeigen, dass der Vokal davor lang gesprochen wird: – das Längezeichen ***h*** wie in *Ku**h**le, Sa**h**ne, i**h**m;* – ein zweiter Vokal wie in *si**e**gen, Mo**o**s, Se**e**.* Die meisten Wortstämme mit langem Vokal haben kein Längezeichen: *leben, haben, grün, das Tal*
Mehrzahl	Nomen stehen in der Mehrzahl, wenn es von den Dingen, Tieren, Pflanzen, Menschen ... mehrere gibt: ***die** Stühle, **die** Pferde, **die** Tulpen,* ***die** Frauen*
Mitlaute	siehe Konsonanten
Nomen (Namenwörter, Substantive)	sind Wörter, die Dinge, Tiere, Pflanzen, Menschen, Gefühle ... bezeichnen: *der Tisch, die Giraffe, das Veilchen,* *die Frau, die Wut*
Plural	siehe Mehrzahl
Selbstlaute	siehe Vokale
Singular	siehe Einzahl
Tuwort (Tätigkeitswort)	siehe Verben

Verben
(Tuwörter,
Zeitwörter,
Tätigkeitswörter)

Verben sind Zeitwörter. Sie zeigen an, **wann** das geschieht, wovon die Rede ist:

singen – sang – gesungen

Verben haben eine Grundform und Personalformen.
Ihre Grundform ist immer mit der Wir-Form gleich.

laufen – wir laufen, springen – wir springen

Die Personalformen unterscheiden verschiedene Personen: *Ich lauf**e**, du sing**st**, er schreib**t**, sie denk**t** nach, es geh**t** gut; wir lauf**en**, ihr sing**t** und sie tu**n** Verschiedenes.*

Verben, die ihren Stamm „mit der Zeit" verändern, sind starke (stark gebeugte) Verben:

sprechen – sprach – gesprochen.

Bleibt der Stamm gleich, sind es schwache (schwach gebeugte) Verben.

Vokale
(Selbstlaute)

sind Buchstaben und Laute. In diesem Buch schreiben wir den Buchstaben so: a und A.
Wenn der Laut gemeint ist, schreiben wir: *a*

Vorsilben →

Mit ihnen kann man die Bedeutung von Wörtern verändern:

ver-laufen, be-schreiben, der Vor-fall

Wiewörter

siehe Adjektive

Wortarten

Man unterscheidet verschiedene Wortarten:

Der	*schnelle*	*Läufer*	*gewinnt.*
Artikel	**Adjektiv**	**Nomen**	**Verb**

Wortbausteine	Viele Wörter sind aus Wortbausteinen zusammengesetzt. Wortbausteine sind Vorsilben, Wortstämme, Endungen und Fugen. Damit du gut erkennen kannst, aus welchen Bausteinen ein Wort zusammengesetzt ist, kannst du sie mit Unterzeichen gliedern: ↳ Vorsilben *verlieben* ⌴ Wortstamm *verlieben* ↵ Endung *verlieben* ↔ Fuge *Lieblingsbuch*
Wortfamilie	Auch Wörter haben eine Familie. Wörter, die zu einer Familie gehören, haben den gleichen Stamm. ***fang**en, du **fäng**st, er **fing**, ge**fang**en, ab**fang**en, ange**fang**en, emp**fang**en, der **Fang**, der **Fäng**er, das Ge**fäng**nis, die Emp**fäng**nis* Wenn man den Wortstamm kennt, weiß man viel über die Wortfamilie.
Wortstamm ⌴	Er ist das, was allen Wörtern einer Familie gemeinsam ist. Der Wortstamm eines Wortes bleibt übrig, wenn du alle Vorsilben und Endungen bei einem Wort weglässt. *ab **fahr** en*
Zwielaute	siehe Diphtong